まえがき　～人から評価されるには努力も能力も必要ない！

私がSBIグループで役員をしていた頃、多くの部下から直接、あるいは間接的に次のような発言を耳にしました。

「会社は自分のことを評価してくれない」
「給与を上げて欲しい」
「あんな理不尽な上司のもとでは仕事ができない」
「○○のようなわがままな人が昇格するなんて信じられない」

誰もが人から評価されたいと熱望しています。例外はありません。
人から認められたいという気持ちは、私達人間が生まれついて持っている本能です。

では、先のような不満を唱える人は、努力していないのでしょうか。
能力が低いのでしょうか。

決してそうではありません。


実は人から評価されるには、努力も能力も必要ないのです。

「評価される」には一定のルールがあります。

このルールには例外はありません。なぜなら人間の感情は太古の昔から変わっていないからです。


私はこの本で、評価される方法をお話しします。

誰もが知らないような秘伝ではありません。

私がこれから話すことは、誰もが一度は聞いたことがあることばかりです。

でも、ほとんどの人が実践していません。


なぜ、実践できないのでしょうか?

答えは、人間の本質を理解していないからです。

人間の本質を理解できれば、誰もが「成功」も「お金」も「友達」も「恋人」も簡単に手に入ります。

最初に大原則をお話しします。

「すべての人間は自分のことを高く評価して欲しいと熱望している」

この言葉を理解し実践すれば、あなたは確実に「評価される人」になります。
私はこの手法で、成功、友達、富、恋人を手に入れた人をたくさん知っています。
これから、順次具体的な方法をお話ししていきます。

POINT

すべての人間は自分のことを高く評価して欲しいと熱望している！

抜群に評価される人の教科書●もくじ

part 1 評価される人になるコツ

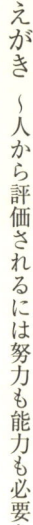

part 2

評価される人の人たらし会話術

part 3

なぜ評価される人は「期待しない」のか

part 4

評価される人の魅力を高める魔法のルール

part 5

なぜ評価される人は頑張りすぎないのか

part 1

評価される人になるコツ

1

魅力的になるたった一つの方法

評価される人というのは、言葉を置き換えれば〝**魅力的な人**〟のことを指します。

魅力的な人になれば、最高の人脈と、最高の情報が手に入ります。

現代社会において、人脈と情報があれば、あなたの望みは自動的に叶います。


では、魅力的な人間になるには、どうすればいいのでしょうか。

これを見事に一言で表しているのが、私が尊敬する無能唱元先生の言葉、

「魅《み》は与《よ》によって生《しょう》じ、求《ぐ》によって滅《めっ》する」


この一言に尽きると思います。

与えるものは好かれ、求めるものは嫌われる、という意味です。

これが原理原則です。


ここで言う「与える」も「求める」もお金や物だけではありません。

若い頃の同期にNさんという男性がいました。営業成績は悪くないのですが、自慢

話が非常に多いのです。

新規契約を獲得した時の武勇伝を、飲み屋で30分も聞かされようものならこちらが閉口してしまいます。

同期ですから、むげにはしませんでしたが、なんとなく好きになれません。


1年後輩にＩ君という男性がいました。いつもニコニコ笑っていて、私達の話を実によく聴いてくれます。

ただ聞くだけではなくうなづいてくれたり、笑ってくれたりします。Ｉ君と一緒にいると楽しくなります。


さて、ＮさんとＩ君、どちらが魅力的ですか。

当然、Ｉ君が魅力的ですよね。

理由は、Ｉ君は「与える人」であり、**Ｎさんは「求める人」**だからです。

このの場合のＩ君は私達に「自己重要感」を与えてくれました。

一方のNさんは、私達から「自己重要感」を奪い、自分の「自己重要感」を求めたのです。

「自己重要感」という言葉は聞き慣れないかもしれません。

「自己重要感」とは、先ほど言いました、**「すべての人間は自分のことを高く評価して欲しいと熱望している」**ということです。

与えるとは、相手の自己重要感を高める行為です。

求めるはその逆です。

Nさんは自分の自己重要感を高めるために、自慢話をしました。I君は相手の自己重要感を高めるために、人の話を聴いて肯定してくれました。

魅力的な人間になるのは、このようにとてもシンプルなのです。

POINT

魅力的な人間になるためには、相手の自己重要感を高めよう

2

魅力的になるのに
お金は一切かかりません

相手の自己重要感を高めるためには、与えればいいと言いました。具体的に何を与えればいいかと言いますと、おおむね次の3つです。

1、生存本能を満たすもの
2、集団欲求を満たすもの
3、自尊心を高める行為

1、生存本能を満たすもの

人間は生存本能があります。これを満たすには太古の昔なら、獲物でした。今でいうところのお金です。会社では、地位や権力を与えることも1の生存本能を満たすことになります。

2、集団欲求を満たすもの

動物の中で唯一人間だけが、多くの人と助けあって生きてきました。人間には群れを成したい、人と仲良くしたいという本能があります。

この本能を満たすことも「与える」ことになります。

3、自尊心を高める行為

私達は誰もがプライドを満たしたいという欲求があります。
相手の自尊心を高めてあげることも「与える」ことです。

上記の3つの中でお金や物質的なものを与えるのは1だけで、2も3も一切のお金がかからないということに注目して下さい。

自己啓発書を読んで、「与えればいずれ返って来るから、どんどん与えましょう」という言葉を文字どおり受け止めて、部下や同僚におごり続けた結果、借金がかさみ離婚したという話を聞いたことがあります。

魅力的な人間になるには1を与えるより、2や3を与えたほうがはるかに効果があります。

与えることも、魅力的になることも、すべてタダでできるのです。

もうひとつ重要なことは、1を与えても人は慣れてしまうということです。

よって1で魅力的になるのは与え続ける必要があります。与え続けても慣れてしまうのですから、無限には続きません。

2や3は慣れることがありません。

自己重要感を満たすことは、植物が水を毎日欲しがるように、継続的に与え続けても吸収してしまうのです。ここがとても重要なポイントです。

POINT

お金を与えるより、相手のプライドを高めるほうが効果がある

3

あなたの目標は何ですか？

私は多くのビジネスパーソンから相談を受けます。

相談の第一位は、上司との人間関係の悩みです。

「わがままな上司についていけない」

「上司が自分のことを評価してくれない」

「上司の指示がコロコロ変わる」


上記のような相談に対し私は次のように質問します。

「あなたの目標は何ですか？」


実は上司への不満の原因は、あなたの自己重要感を下げられていることから発生します。

「わがままな上司」も「評価してくれない上司」も「指示がコロコロ変わる上司」も部下であるあなたの自己重要感を大きく下げているのです。

「素晴らしい部下だ」「君は良くやってくれている」と評価されていれば、あなたの自己重要感が満たされるため、上司に多少欠点があってもそこまで悪く思えないでしょう。

ところがあなたが頑張っているほどには、上司があなたのことを「いい部下だ」と思ってくれないために、あなたの自己重要感が下がり、「見る目がない上司」について不満を持つのです。

ですから、相談者の方が会社で評価をあげたい、トラブルを減らしたい、上司とうまくやりたいなら、先に上司に「与える」しかありません。

そのためには、前項で示した2の集団欲求か、3の自尊心を高める方法で自己重要感を満たすのです。

上司は1から3まですべての選択肢がありますが、部下は2と3のふたつしかありません。

会社でスムーズに仕事をするためには、自分の自己重要感を後回しにして、先に上司の自己重要感を高める方法をとればいいのです。

逆に自分の主張を通し、自己重要感を高めたければ、上司に不機嫌な顔をしたり、思ったことをそのまま口にすればいいのです。

ただし、上司に間違いを指摘したり、思ったことを口にした場合、3の自尊心は一時的に高まりますが、1の生存本能を脅《おびや》かされる覚悟（評価が下がる。職場が居心地悪くなる）が必要です。


あなたは、会社でうまくやりたいですか？

それとも、自分の気持ちや感情を曲げてまでうまくやる必要はないですか？

あなたの目標は何ですか？　さあ、あなた自身に問いかけてみて下さい。

POINT

会社でスムーズに仕事をしたいなら、先に上司の自己重要感を高めよう

4

チャンス到来！

上司と部下であるあなたの人間関係の問題をもう少し話します。

先ほども言いましたように、上司があなたの生存本能を脅かす武器を持っていることが、関係をさらに悪化させています。

仮に友達なら、近づかなければいいので問題は複雑化しません。上司は選べませんし、上司に嫌われたら、仕事がやりにくいだけではなく、給与や昇進・昇格にも影響するから厄介なのです。


ここでもう一度よく考えて下さい。

上司には、あなたの生存本能を脅かす権限がありますよね。

裏を返せば、上司はあなたの生存本能を満たす力もあるということです。

これはチャンスだと思いませんか。


特に個性派の上司には誰も近寄りたくないはずです。

ということは、上司自身、会社では集団欲求が満たされていない可能性が高いです。

この上司の集団欲求を満たしてあげれば、あなたの評価が一気に上がります。

このように言うと「私はおべっかを使ってまで出世したくない」と反論する人がいますが、私達は自分の欲しいものを手に入れるために、無意識に多くの「おべっか」を使っています。

商売人はお客様に「おべっか」を使っています。男性は好きな女性に「おべっか」を使います。子供ですら欲しいおもちゃを手に入れるためには親に「おべっか」を使うことがあります。

自分の夢・目標を達成するためには何かを犠牲にすることは恥ずかしいことでも、不名誉なことでもありません。誰もが無意識にしているのですから。

それでは上司の集団欲求を満たし、上司の自己重要感を高める方法を話します。

笑顔で上司に話しかける回数を少しずつ増やしていって下さい。

これだけで大丈夫です。特段お世辞を言う必要はありません。

まずは、笑顔で挨拶して下さい。

「おはようございます」「ありがとうございます」「お疲れ様でした」「お先に失礼します」たったこれだけで関係は大きく変わります。この方法で成功した人はたくさんいます。

あなたがそのように行動することで、周囲も変わっていく可能性があります。周囲も上司に笑顔を向けるようになれば、上司の態度も軟化し、集団欲求を満たすことができます。これは上司だけでなく、先輩社員にも通用します。

笑顔は好意を示す最高のアクションです。

挨拶は相手にポジティブな感情を与えます。

笑顔で挨拶をすることで、あなた自身の気持ちも変化していきます。

是非、一度実行して下さい。

POINT
苦手な人にこそ、笑顔で話しかける回数を少しずつ増やす

5

ユーモアは相手の自己重要感を高める

先ほど笑顔の重要性を話しました。

ここで「笑い」について、もう少し詳しく話します。

笑いには2種類の要素があります。

一つ目は、前の項で話したように、好意を示す「笑い」です。これは集団欲求を満たす効果があります。人間は他人と仲良くしたいという本能があるので、笑顔でいることそのものが相手の自己重要感を高めるからです。

二つ目の笑いは、相手に優越感を与える「笑い」です。

こちらの「笑い」は、好意を示す笑いより難易度が高いです。

例えば、失敗談を話すという方法が、この笑いにあたります。

プレゼンテーションが苦手な部下に対して、

「君のプレゼンはまだいいほうだよ。私の若い頃なんて話が下手で、しかもあがり症で自分でも何を言っているかわからないぐらいだったよ。あまりひどいので一番前に座っていた取引先の部長が見かねて、私の代わりに説明をはじめちゃってね。そうしたらその日の予約注文が殺到しちゃって（笑）。

次回からはプレゼンは一番前に座っている人と代わってもらうようにしたよ（笑）」

これは相手に優越感を与える笑いです。部下が若い頃の部長よりは自分のほうがマシだと思うことにより、自己重要感が高まるのです。それがやる気につながります。

この話をすると部下に軽んじられ、士気にかかわるのではないかと心配する方もいらっしゃいますが、その心配は不要です。

もし上司から「私は昔から優秀で、失敗をしたことがない。どうしたら下手なプレゼンができるのか知りたいくらいだ」と言われたらどうでしょう。その上司に好感を持つことができますか？

実は自分を落とすことができる上司に部下は信頼を高めるのです。

この種の笑いの達人はお笑い芸人や落語家です。実に上手くお客様に優越感を与えています。彼らはお客様の前でバカになってくれるので、観ているほうはとても心地良いのです。

ユーモアのある人は、どこでも人気者です。あなたの周りでユーモアに長《た》けている人は、相手に優越感を待たせるような話をしていませんか。**自分の失敗談や上司や妻から叱られた話を面白おかしく話せる人が、相手の自己重要感を高めることができ魅力的な人になります。**

面白おかしく話すのが難しければ、明るい口調で話すことを目標にしてみて下さい。間違っても失敗談を暗い顔で語らないで下さい。逆効果となります。

相手に優越感を与えられる人は、同時に相手から「好意を示す笑い」を引き出しているのです。ユーモアにはお金が一切かからず、しかも相手の自己重要感を上げるだけでなく、あなたに好感を持ってもらえるのです。

是非、失敗談を楽しく話せるようになって下さい。

POINT

魅力的な人は自分の失敗談を楽しく話せる人

6

鏡の前で笑う

先ほど二つの笑いの効用を話しました。

一つ目の友好的な笑顔は、誰もが心がけるべきだと思います。

しかし、二つ目の自分を落とし、相手に優越感を与える笑いは注意が必要です。

冒頭で**「すべての人間は、自分のことを高く評価して欲しいと熱望している」**と言いました。

これは正しいのですが、この「すべての人間」の「すべて」には私、つまり自分自身も入っています。

言い換えれば、自分自身も人から自己重要感を高めてもらいたいと熱望しているのです。

自分の自己重要感が枯渇《こかつ》している状況で、自分を落とし相手に優越感を与えると、卑屈になったり、皮肉屋になったりします。

ビジネス界で大成功を治めている人は非常に腰が低く、謙虚です。これはご自身の自己重要感が高いからなせる業で、**自分に自信がない状態で謙虚になったり、自分を**

落とすことで、相手の自己重要感を高めることばかりに目が行くと、気をつかいすぎるあまり生きるのが苦しくなります。

人生なにごともバランスが大切で、どちらかに極端に走ると危険です。

相手の自己重要感を高めつつ、自分自身の自己重要感も高めるようにして下さい。

まず簡単にできる自分の自己重要感を高める方法を話します。

それは、「**笑う**」という行為を自発的にすることです。

私は毎朝、鏡の前で大声を出して笑うことを日課にしています。

はじめた頃は、会社で大きなトラブルがあった時など、内心「笑っている場合やないで！」と情けなくなることもありました。

でも、笑い終わると不思議と今悩んでいることがちっぽけなことのように思えて、心が明るくなったのです。のちに脳科学者の方が、笑う行為はストレスをやわらげるのに非常に効果があると教えてくれました。

ラフターヨガという、笑うためのヨガもあるそうです。面白いから笑うのではなく、笑うことそのものを体感してストレスを軽減でき、免疫力を上げる効果があるとのことで、全世界で広がっているそうです。

人間は「**悲しいから泣くのではなく、泣くから悲しい**」とのことです。これは多くの実験データでも実証されています。感情は行動によって変化するのです。

笑う行為の利点はもう一つあります。

それは、先ほどの「笑顔を心がける」手助けとなることです。

笑顔が相手に好印象を与えることはみなさん承知していますが、日頃笑わない人がいざ急に笑えといっても簡単にできるものではありません。

朝、鏡の前で笑うことは、日常において笑顔を作る練習にもなります。

是非、一度試して下さい。

POINT

人間は行動によって感情が変化する

7

人の喜ぶことをする

「人の喜ぶことをして、人の嫌がることはしない」

この言葉こそ「人から評価される」ための重要なキーワードです。

「人に親切にする」という道徳的な意味に取られることがありますが、それだけでなく、自分のためでもあるのです。

理由は、自分の自己重要感を高める最善の方法が「人の喜ぶことをする」ことだからです。

最近、アドラー博士の書物が人気を博しています。

アドラー博士は精神分析医です。彼がうつ病の患者に言った言葉は有名です。

「この処方どおりにしたら、２週間できっと全快しますよ。それはどうしたら他人も喜ばすことができるか、毎日考えてみることです」

この言葉は的を射ていると思います。

人間の悩みは内に向かっているから起こります。

悩みの主語は必ず、「私」です。「私が…」からはじまります。子供の登校拒否の悩みも「子供が学校に行かないと私は心配でたまらない」のように一見子供が主語のように見えますが、主語は「私」なのです。

まず一度あなたの悩みを書き出してみて下さい。

「会社で評価されない」

「上司とうまくいかない」

「もっとお給料をもらいたい」

どうでしょう。すべて主語は「私」です。どうして私ばかり…、私は損をしている、私はわかってもらえない。不満の原因は外で、気の毒なのは「私」です。

そこで、主語を「私」から、他者に向けてみましょう。そうすることによって悩みのスパイラルは断ち切れます。なぜなら、人間の脳は同時に二つのことを考えることができないからです。

「上司の○○さんの成績を上げるために頑張ろう」

「恋人が喜ぶようなデートプランを考えよう」

「子供が楽しく過ごせる工夫をしよう」

これはすべて主語が相手です。

他人の喜びを考える時、自分のことを忘れて苦しみから解放されます。

「人が喜ぶ姿」を見るのが人間の最高の報酬になるように私達の脳はプログラムされ

ているからです。

人が喜ぶと自分も嬉しくなる。結果として、自分自身が幸せになれるのです。

イメージしてみて下さい。あなたの給料ですべて自分の欲しいものを買い、自分が食べたいものを食べ、自分だけのために使うとします。誰とも共有せず、一人だけで楽しむのです。

もしお菓子を買う時にいくつか買って、家族と一緒に食べたらどうでしょう。好きな本を二冊買って、一冊を本好きの人にプレゼントしたらどうでしょう。美味しいものを友達と一緒に食べに行ったとしたら楽しみは倍増です。

自分だけの幸せは一時的です。人に喜んでもらえたという達成感こそ、あなたの自己重要感を上げ、幸せな気持ちを運んでくれるのです。そこに気がつけば、自然と人を喜ばせることがないかを考える癖がつき、不満から遠ざかっていくでしょう。

POINT

自分の自己重要感を高める方法は「人の喜ぶことをする」

8

正義は語らず行動で示す

先ほど、人から評価されるには、

「人の喜ぶことをして、人の嫌がることはしない」と言いました。

これは正しいのですが、重要なポイントがあります。

それは、**「言葉ではなく、行動で示す」**ということです。


A子さんは私の講演を聴き、早速職場に戻って清掃運動をはじめました。

しかし、誰も言うことを聞いてくれないと私に相談に来ました。

「私は先生の教えに従って、職場をきれいにしようと皆に声をかけ、活動しているのに誰も協力してくれない。あげくの果てに偽善者呼ばわりされるのは腑に落ちない」と不満を漏らしました。A子さんのどこがいけなかったのでしょうか。

「人の喜ぶことをして、人の嫌がることはしない」という言葉を口にしたとたん、相手の自己重要感が下がります。

正義を口にすると、相手は面白くないのです。

例えば、友人から「僕は恵まれない子供のためにボランティア活動をしているんだ、先日もお金を寄付してきたよ。自分だけ幸せならいいという生き方は良くないからね」と聞かされたらどうですか。

言われた相手は、寄付の自慢と、自分に対しても寄付を強要しているように聞こえます。このように、ボランティアや寄付は良いことですが、吹聴《ふいちょう》すると相手の自己重要感が下がりますので気を付けて下さい。

先のA子さんは、その後、誰にも言わずに自分一人で職場の掃除をはじめました。すると時間はかかりましたが、少しずつ協力者が現れ手伝ってくれるようになったと喜んで報告に来てくれました。

イエローハットの創業者、鍵山秀三郎さんは素手でトイレ掃除をされます。鍵山先生の掃除の徹底ぶりは今では日本だけでなく世界的に有名ですが、当時は社員からも「掃除なんかしても無駄だ」「うちの社長は掃除しかできない」と陰で言われ、10年間は一人で掃除をしていました。

ところが、段々と社員たちの見る目が変わり、皆も続いて実践するようになり、周囲から評価され、会社の利益も上がっていったそうです。

掃除をすれば収益が上がる、という図式ではなく、自分の身をもって努力している社長のために、社員が頑張ろうと思ってくれたのです。

鍵山先生はまさに「正義は語らず実践する」を行動で示してくれました。

仮に鍵山先生が「私がこんなに頑張っているんだから、君たちはそれ以上に頑張るべきだ」と口にしながら行動していたら、本気でついてくる人はいなかったかもしれません。給料という「利」だけでは、人の心まではついてこないのです。

評価される人になるためには、相手の自己重要感を上げなければいけません。

正義を語ると相手の自己重要感が下がることを覚えておいて下さい。

POINT

正義を語ると相手の自己重要感が下がる

◎パート１のまとめ

・すべての人間は自分のことを高く評価して欲しいと熱望している
・魅力的になるためには、相手の自己重要感を高めよう
・お金を与えるより、相手のプライドを高めるほうが効果がある
・会社でスムーズに仕事をしたいなら、先に上司の自己重要感を高めよう
・苦手な人にこそ、笑顔で話しかける回数を少しずつ増やす
・魅力的な人は自分の失敗談を楽しく話せる人
・人間は行動によって感情が変化する
・自分の自己重要感を高める方法は「人の喜ぶことをする」
・正義を語ると相手の自己重要感が下がる

part 2

評価される人の人たらし会話術

1

人の話を否定してはいけない

とある会社の出店戦略会議の一コマです。

Aさん「今後もマーケットの大きい東京・大阪・名古屋に出店すべきだと考えます」

Bさん「ダメです。東名阪は競合も多く、店舗費用、人件費と高いので地方都市に出店すべきです」

あなたがAさんなら、頭ごなしに意見を否定されて、いい気持ちはしないですよね。

では、次のように言われたらどうでしょう。

Aさん「今後もマーケットの大きい東京・大阪・名古屋に出店すべきだと考えます」

Bさん「なるほど。やはり東名阪は魅力ありますね。大都市は人口も多いので売り上げも見込めますよね。それを候補の一つとして、他にも地方都市を視野に入れてはいかがでしょうか。地方都市は東名阪ほど売り上げを見込めませんが、店舗費用や人件費が安いので意外と穴場かも知れません」

Aさんの意見を魅力的なマーケットだと肯定し、次に自分の意見を「意外と地方都市は穴場かも」と控えめに話しています。

あなたがAさんだとしたら、Bさんの意見にも耳を傾けようと思われたのではないでしょうか。理由はBさんがAさんの意見を自分の意見と同じくらい、大切に扱ってくれたことを感じたからです。この場合、Aさんの自己重要感は下がりません。

会議では自分の意見をきちんと伝えるべきです。ただし、相手の意見を頭から否定する必要はないのです。むやみに敵を作っても得るものはありません。

否定された相手は、今度はあなたの発言のあら探しをします。仮にあなたの意見が採用されても協力してくれません。

まず、相手の意見に賛同し、その上で自分の意見を言う、ということを基本パターンとしてあなたの頭に焼き付けて下さい。

日常でも、相手の自己重要感を下げる会話の光景を見かけます。例えば、

Aさん「昨日ミュージカルを観に行ってね」

Bさん「劇団四季？　僕はミュージカルを専門的に勉強していて…」

というように、相手の話を自分の話題に強引に変える行為です。

Aさん「健康には納豆がいいらしいよ」
Bさん「いや、納豆なんてダメだよ。テレビを信用し過ぎ…」
「いや、違う。それは○○だよ」と否定することなどは、気づかずに多くの人が毎日していている行為です。

まず、話の腰を折られたことで自己重要感が下がり、次に自分の意見を否定されたことで自己重要感が下がります。相手の自己重要感を下げると、あなたへの好感度も同時に下がるのです。

1、相手の話の腰を折らない
2、相手の意見を否定しない
3、自分の話は相手の話が終わってからにする

このことを心がければ、相手の自己重要感を下げずにすむでしょう。

POINT
話の腰を折ったり、否定すると相手の自己重要感が大きく下がる

2

間違いの指摘は相手の自己重要感を下げる

私達はつい他人の間違いを指摘したくなります。

それは相手をやり込めようとしているのではなく、あくまで善意でおこなっている行動です。しかし、残念ながら指摘された相手の自己重要感は下がります。

私達は子供のころから「なにが正しいか、なにが間違いか」を親や学校の先生から教わりました。学校の勉強には答えがあります。親からの教えも「道徳観」という答えがあります。

社会人になると、日常の生活には正解というものがありません。

コミュニケーションにおいては、お互いの自己重要感が上がるか、下がるかの現実だけが存在します。

例えば、スマートフォンを見ながら歩いている人を注意したとします。もちろん歩きスマホは危険です。ただし、注意された相手の反応は、次のようにさまざまです。

①注意され反省する
②特に人に迷惑をかけていないのだから問題ない
③偉そうなことを言うな。お前も歩きながら携帯を見たことくらいあるだろう

上記の場合、おおむね相手の自己重要感が下がります。即ちあなたについてプラスの感情を持ちません。

さらに指摘する前に相手が①〜③のどの反応をするかわかりません。仮に①のように素直に反省してくれたとしても、注意されたことで自己重要感は下がります。

あくまでこの例はケースバイケースで、明らかに危険な時は注意するべきです。

ここで私が言いたいのは、他人に注意するなということではありません。**注意すれば相手の自己重要感が下がる**ことだけを知っていただきたいのです。

知った上で、注意するかしないかは自由です。

多くの人は間違いを指摘することで、相手が自分に感謝するのではという錯覚をしていますが、この考えだけは捨てて下さい。

間違いを指摘する上で、もう一つ知ってほしいのは、必ず本人に直接言うということです。他人を介するとおよそ悪い方向に進みます。悪口を言ったと尾ひれがつきます。

メールでの指摘も極力控えたほうがいいでしょう。文章での指摘は、顔が見えない分表現がきつくなり、誤解される恐れがあるからです。

加えて、感情的になっている時は指摘してはいけません。人間は感情的になると相手の一番傷つく言葉を発しやすくなります。

相手の傷つく言葉を放った瞬間から、相手は死ぬまであなたの言葉を決して忘れません。その後、友好的な関係が続いていても、一度傷つける言葉を放てば相手の記憶に深く残ります。

指摘そのものは、あくまでケースバイケースなので、状況に応じておこなうのはかまいませんが、日常のどうでもいいようなことを指摘して、人間関係を複雑にする行為だけはご自身のためにも避けて下さい。

POINT

他人の間違いを指摘しても得るものは何もない

3

人の意見は素直に聞く

先ほど他人の間違いを指摘すると、相手の自己重要感が低下し、あなたに好印象を持たないとお話ししました。

逆にあなたが他者から間違いを指摘された時はどうすればいいのでしょうか。

他者の意見を素直に受け入れることにより、相手の自己重要感が上がり、あなたは好印象を持たれるのです。

人の意見を素直に聞くには勇気が必要です。

人間は起きている間は、常に自分のことを考えています。自分を正当化する訓練を日々おこなっています。自分の正当性が揺らぐような意見など耳にしたくないのです。

私は過去に仕事上で部下の間違いを指摘したり、反省を促すこともありました。部下の大半は言い訳をしたり、自分の正当性を主張します。それがどれだけ素晴らしい反論であっても印象はよくありません。

直接言葉で反論しなくても、顔の表情で明らかに不満であると訴えている部下もいました。

そんな中で「申し訳ございません。ご指摘ありがとうございます。今後十分気を付けます」と言ってくれた部下は好感度が非常に高くなりました。なぜなら私の自己重要感が高まったからです。

大きなプロジェクトを任せたり、要職に抜擢するのは、素直に間違いを認めてくれる人物です。

このような人事は私だけではなく、多くの人が用いています。

自分の意見をハッキリ言って、損をするような会社は理不尽だと思いますか？

人事は公平であるべきだと思いますか？

確かに人事は公平であって欲しいものです。しかし、残念ながら会社や地域コミュニティも、相手の自己重要感を高める人が重用されるしくみになっています。

あなたの意見がいくら正論でも、相手の自己重要感を上げることができなければ、評価を継続して得ることはできません。

そうは言っても、明らかに相手の主張が間違いで、このまま見過ごすと自分が大きな代償を払わされるような時は、反論しなければいけません。

その場合でも、極力相手の自己重要感を下げないようにして下さい。

具体的には一旦相手の意見を肯定して下さい。そして時間を少しあけてから反論して下さい。

一旦相手の意見を肯定することにより敵対関係の状況が解消できます。時間をあけることで、自分の意見を慎重に検討し受け入れた上での発言だと思ってもらえます。また、時間の経過とともにお互いに冷静になることができます。

さらに反論する場合は二人だけの時にしましょう。第三者がいるところでの反論はしないで下さい。別の人の意見が混ざると話が複雑になったり、どちらかの肩を持たれることで、敵対関係が決定的になることもあるからです。

POINT

人の意見を素直に聞くと相手の自己重要感が上がり好印象を持たれる

4

ゆったりと話す

わずか数分間話すだけで、相手に好印象を与える人と、長時間一緒にいても印象の薄い人がいます。

自分のことをたくさん話すと、相手は自分のことを理解してくれたと思いがちですが、実際は逆です。

あなたが自分の話をすればするほど、相手はあなたに対し興味を失います。なぜなら相手は自分のことを話したくて仕方がないのです。自分が長く話すと相手の話す時間が短くなります。当然、相手の自己重要感は下がります。

魅力的な人とは、相手の自己重要感を高める人です。

自己紹介で自分の宣伝を延々とする人がいます。よほど話が上手く内容も面白ければ別ですが、おおかた話した内容は記憶に残らず自己主張の強い人だという印象しか残りません。

良い人脈と良い情報は魅力的な人のところに集まります。

結婚式の挨拶で長々と自分のことを話す人がいます。主役が誰かわかっていません。

出席者は挨拶を聞きに来たのではなく、新郎新婦のお祝いに来ているのです。

私が一番すごいなと思った結婚式の挨拶は、

「いろいろと話すことを考えてきましたが、新郎新婦の幸せな顔を見ていると胸がいっぱいになり、一言だけ。心の底から、お・め・で・と・う！」

わずか30秒ほどでしたが、心地良く今でも印象に残っています。


次に話す時の表情ですが、極力笑顔で相手の目を見て話しましょう。

会話の間の7～8割は、相手の目を見て話すと好感度が高いです。

話すテンポも重要です。話す相手や、状況によって一概には言えませんが、話すスピードはゆっくりのほうが好感度を高めます。

特に緊張感のただよう会議の席とか、厳しい交渉の時はゆっくり間をあけて話すことをおすすめします。

間をあけ、ゆっくりしゃべると、相手は自分のことを理解しようとしてくれているように感じます。

逆に早口だと敵対しているように感じます。

場が和んできて友好的になれば、自然にみんなの話すスピードは速まります。

さらに好感度が高くなる話し方の秘訣は、相手が話し終わったら、数秒黙ることです。そうすることで、相手の話をきちんと受け止めたと感じてもらえるからです。たった数秒の沈黙で、相手の自己重要感が上がり、信頼度が上がります。

話す時は顔の表情だけではなく、身ぶり手ぶりで体全体を使ったほうが熱意が伝わります。体の向きは真正面を向いて、目の高さは上から見下ろす目線にならないように気を付けます。相手を指で指したりしてはいけません。誰かを指す場合は手のひらを上に向けるようにしましょう。

このようにほんのわずかな配慮により、相手の自己重要感を上げることができます。是非日常の会話で心掛けて下さい。

POINT

自分が話す時間は短めに、ゆったりしたテンポで話す

5

主語を変える

ここまで相手の自己重要感を高める会話術の基礎的部分をお話ししました。

ここからは応用編に入ります。

もう既におわかりだと思いますが、相手の自己重要感を高める行為は、ミクロで見れば自分の自己重要感を下げる行為でもあります。

これはあくまでミクロで見た場合で、時間軸を伸ばして考えると、相手の自己重要感を高めれば、必ずあなたにその何倍もの利益をもたらしてくれます。約束します。

多くの人は一時的にでも、自分の自己重要感を下げることに抵抗を感じ実践できないでいます。ほとんどの人が実践していないので、ここであなたが実践すればライバルがいない分、この先の人生で多くの物が手に入ります。

それでは応用編に入ります。

まず、「私は」という言葉を「あなたは」に変えましょう。

「私は昨日ゴルフに行きましてね」

「スコアはいかがでした?」

「それが絶好調で、自己ベスト更新ですよ」

「すごいですね！　どうすれば◯◯さんのようにゴルフが上手くなりますか？」

「それはですね…」


この「私は」を「あなたは」に変えてみましょう。

「◯◯さんは昨日なにをされていました？」

「久々にゴルフに行きましてね！」

「◯◯さん、ゴルフお上手だと聞きましたよ！」

「いやいや。昨日はたまたまベストスコアを更新しましたけど」

「どうすれば◯◯さんのようにゴルフが上手くなりますかね」

「それは…」


多くの人の日常会話を調査すると、圧倒的に自分が主語で話しています。

ハッキリ言います。**他人はあなたのことに全く興味がありません。自分のことしか興味がないのです。**

そして興味のない話題に時間を拘束されると自己重要感が大きく下がります。

人は自分の話に耳を傾けてくれる人が大好きなのです。

一流のセールスマンはこのことを心得ています。

保険のセールスでも、車のセールスでも商品説明は相手に訊ねられた時だけ答えます。あとはひたすらお客様の話を聴きます。そしてお客様はほとんど商品説明を受けていないにもかかわらず説明が丁寧だと言って商品を購入します。

この場合は販売するセールスマンも、自己重要感が上がるからこそお客様の話を聴き続けることができるのです。

話を聴いてもらったお客様は、**三大欲求**（17頁参照）の2の集団欲求と3の自尊心を満たされ自己重要感が上がります。

セールスマンの方は営業成績が上がり、1の生存本能が満たされ、自己重要感が上がります。

POINT

話の主語を「私は」から「あなたは」に変える

6

自分の興味のある分野で勝負する

会話術で最上級の技は、「話さないこと」です。

なぜなら、相手の自己重要感を上げるには、自分に興味を持っていると感じてもらうことが一番だからです。そのために、相手の話をしっかり聞くことがポイントです。ところが自分が話さずに、相手に話をしてもらうのは一見簡単なようで、非常に難しいことです。

例えばあなたの目の前に人が現れ、「私が聞き役に徹しますから、どんどん話してください」と言ったとしたら、あなたは話すでしょうか。おそらく何も話さないと思います。

つまり、話をしてもらうには、自分から話したくなるような気持ちを引き出すしかないのです。

まず相手に心地良く話してもらうには、聞き手がその相手に関心を示さなければいけません。これは見せかけでは通用しません。心の底から興味を示さないと相手は見破ってしまいます。

人間の意識の下に無意識が隠れています。興味がない話にはうわの空になり、あいづちだけ打っていると、相手はそれを瞬時に察します。

相手に気持ち良く話してもらうには、**相手の話から何かを得ようという心がまえが必要**です。

「賢者は愚者に学び、愚者は賢者に学ばず」という諺があります。

賢い人は、誰からも学ぶべきことを探します。一方、愚かな人は、どんな素晴らしい話を聞いても何も得ません。

その気になれば、3歳の子供からでも学ぶべきところはあります。

具体的な方法をお話しします。

意外かも知れませんが、まず**自分の興味のある分野のことを相手に質問して下さい**。自分の好きな分野の話であれば自然と聞く態勢になるからです。相手の話したい話題が、自分の興味ある話題とは限りません。まず、第一段階として、自分の興味のあることを質問するのが成功しやすいのです。

私は本を読むのが好きなので、今どんな本を読んでいるか質問します。自分が読んだことのある本なら、感想を聞きます。読んだことのない本なら、あらすじを聞きます。

あなたがファッションに興味があるなら、「そのバッグ素敵ですね。どちらで買われましたか」と質問すれば良いのです。

同じ年頃の子供がいれば子供のことをテーマに話します。このように自分が興味のある分野であれば、自然に関心を示すことができるでしょう。

どうしても得るものがない場合は、無理に会話をする必要はありません。何も得るものがない人と交流を続けても、将来あなたの利益になることはないでしょう。

ただし、世の中に何も得るものがない人はほとんどいません。

あなたに吸収する心がまえさえあれば、必ず勉強になります。

あなたが相手に興味を示せば、相手はあなたの最高の味方になり、応援してくれます。応援者が多い人ほど成功は近いのです。

POINT

自分が興味のあることを相手に質問する

7

オウム返し戦法

相手が自分を攻撃してきたとき、怒りの感情をもって反論するとますます険悪な状態が継続されます。

この事態を避けるための手段としてオウム返し戦法が有効です。

まず、相手の言うことを肯定して下さい。

A部長「この企画書は理想であり、客観的データが少なすぎる」
あなた「いいえ、データ量は過去採用された企画書に比べても、決して少なくありません」
A部長「量のことを言っているのではない。質の問題だ」

このように、あなたが反論すれば、相手は違う角度から攻めてきます。

A部長「この企画書は理想であり、客観的データが少なすぎる」
あなた「データ量が少ないのですね。はい。わかりました」

相手の言うことを、そのまま同じ言葉で反応することによって、相手の自己重要感は満たされ、過激に攻撃してこなくなります。

この手法はトラブル処理でよく用いられている手法です。

「そちらで買ったズボン。一度履いただけでファスナーが壊れたじゃないか」

「私どもで購入いただいたズボン。一度履いただけでファスナーが壊れたのですね。申し訳ございません」

このように相手の話を繰り返すことで、相手の怒りの感情が弱まります。そして次にどのようにすれば良いのか相談するようにします。


先のA部長の例だと「データ量を増やすにはどうすればいいか、ご教授いただけますか」と訊ねるのがいいでしょう。

同僚や夫婦の場合は、一緒に考えましょうというトーンにすれば、相手の自己重要感は保たれます。


オウム返し戦法は、相手の過激な暴言にも力を発揮します。

「どうしてこんな無駄なものを買うのだ、我が家は破産して家族は路頭に迷うだろ」

「ごめんなさい。こんな無駄なものを買うと、我が家は破産して家族は路頭に迷ってしまうわよね」

「まあ。破産は言い過ぎだけど、無駄使いには気を付けるように」

「はい。無駄使いは気を付けます。あなたコーヒーでも飲む?」


人は自分の言葉を他人から繰り返されることにより、冷静になることができます。少し高度なテクニックですが効果は抜群です。

本人はどれだけ自分が怒っているのか、気づいていないこともあります。わかってほしくて興奮しているだけかもしれません。相手の気持ちを理解していることを示せば、冷静になって話し合いの場に降りてきてくれる可能性が高いのです。

いずれにしても、怒っている相手には波動を合わさないことが重要です。

POINT

反論してくる相手には、同じ言葉を復唱し、自己重要感を満たす

8

なぜ悪口を言うのか

相手の自己重要感を高めれば、相手はあなたに好意を示してくれます。

人に好かれるための原理原則「人に喜ばれることをして、人の嫌がることをしない」でしたよね。

つまり相手の自己重要感を上げるために、喜んでもらえることは何かを考えて行動すれば、自ずとあなたは人から魅力的に映るようになります。

しかし残念ながら、多くの人は他者ではなく、自分の自己重要感を高める行為に没頭しがちです。

その一つに自慢話があります。自慢することで、自分で自分の自己重要感を高めているのです。

自慢話を他人に話すと相手の自己重要感は大幅に下がります。自慢すれば自慢するほど相手の自己重要感を低下させ、自分を大きく見せようと自慢しているにもかかわらず、魅力的な人間から遠ざかっていきます。

自慢は、自分をすごいと思ってほしい、特別だと思ってほしい気持ちから口にするものですが、聞けば聞くほど、相手のあなたへの評価は下がるばかりです。

この世の中で自慢話を快く聞いてくれるのは、自分を産んで育ててくれた母親だけです。母親は子供の自慢がイコール自分の成果になるからです。こんな素晴らしい子供を産んだのは自分だと言うことで自己重要感が上がるのです。母親以外は、ほぼ、あなたの自慢を喜ばない人のほうが多いでしょう。

自慢話と同じように自分の自己重要感が上がるのは、他人の悪口です。悪口を言うのは劣等感から起こる衝動です。自慢話は見せかけだけ自分自身を上げて優越感を得ようとする行為ですが、悪口は相手を下げることにより自分が優位な地位にいることを示そうとしています。

他人の悪口は自慢話より弊害が大きいです。自慢話は相手の自己重要感を下げますが、自分が幻想を抱いているだけですから被害の範囲は限定的です。

一方、他人の悪口は尾ひれがついて二次災害を生みますので、くれぐれも注意して下さい。

自慢話や人の悪口を言っていると、知らず知らずのうちに自己嫌悪に陥ってきます。なぜか不幸な気持ちになっていきますが、本人はその震源地がわからず、さらに自慢、悪口を続けてしまい、いつの間にか人が離れていきます。

そして自分のせいでそうなったのに、世間の人が自分に対して冷酷なように感じ、さらなる不幸感を感じるようになります。

自慢話をするのは、自分が思うほど周囲が自分を評価してくれない、というギャップを埋めたいがための行動です。あいつは大したことがないのに評価されていると思うから、悪口を言いたくなるのです。

ところがこの二つをすればするほど、さらに評価が下がるので、もっと好かれたい、もっとよく思われたいという気持ちがさらに不安や焦りを呼び、マイナスの行動を重ねてしまうのです。

たとえて言うなら、借金を返すためにさらに借金をするようなものです。悪口や自慢は率直に言うと、人望の貯金を妨げる負債のようなものです。

あなたの人望を負債ではなく貯金としてプラスにするために、まずは、借金であるマイナスの行動、自慢と悪口を口にしないことです。

POINT

自慢と悪口はあなたの人望を下げる

◎パート２のまとめ

・話の腰を折ったり、否定すると相手の自己重要感が大きく下がる
・他人の間違いを指摘しても得るものは何もない
・人の意見を素直に聞くと相手の自己重要感が上がり好印象を持たれる
・自分が話す時間は短めに、ゆったりとしたテンポで話す
・話の主語を「私は」から「あなたは」に変える
・自分が興味のあることを相手に質問する
・反論してくる相手には、同じ言葉を復唱し、自己重要感を満たす
・自慢と悪口はあなたの人望を妨げる

part 3

なぜ評価される人は「期待しない」のか

1

嫌いな上司の対処法

相手の自己重要感を高めることで、多くの人を味方につけることができ、みなさんの夢・目標達成の手助けをしてもらえることは事実です。

しかし、この手法の大前提は、自分の自己重要感をある程度満たしている必要があります。自分の自己重要感が枯渇した状態で、相手の自己重要感を高めることばかりに目が行くと、自分を苦しめ目標の実現どころではなくなります。

30代の金融機関に勤めるFさんから相談を受けました。上司が傍若無人で許せない。このままでは体を壊してしまう。良い方法はないかという相談です。

パート1で上司の自己重要感を上げることが成功の秘訣と話しましたが、Fさんにこの方法をすすめるとどうなるでしょう。

おそらく体調に異変をきたすと思います。

このような場合、究極は会社を辞めることで解決します。ただし自己の生存本能を脅《おびや》かすことになります。一人の上司のために強いられる「代償」としては大きすぎます。

実際に私がおこなって成功した方法を話します。

朝起きて鏡を見ながら笑って下さい。そして自己暗示をかけて下さい。「今、私は最高に幸せ」とか「自分は優秀だ」とかなんでもいいので、**自分が素晴らしいと自己暗示をかける**のです。

そして最後に「私は○○さんが大好きです」と上司のことを好きだと声に出して言って下さい。次に「だから○○さんも私のことが大好きです」と言います。

この手法は私だけではなく、何人もの人が成功しています。

しかし、残念ながら多くの人が、バカらしいと言って実行せずに、翌日からも上司のわがままを愚痴っています。

最初に鏡に向かって自分が優秀だと自己暗示をかけます。そして自分の自己重要感を一時的に高めておいて、次に上司を好きなふりをします。本当に好きになる必要はありません。本人に直接言うのではなく、家で一人で唱えるだけですから、その気になればできます。

不思議なことに、「上司のことが好きだ、だから相手も好きになってくれるはずだ」という気持ちは必ず通じます。実践してうまくいった人の話を私は数多く耳にしました。無意識下の気持ちは、顔の表情や小さな行動に必ず表れるからです。

嫌いな上司の対処法は、①我慢する、②会社を辞める、究極はこの二つです。

①を選択すれば心が苦しくなり病気になる可能性があります。

②を選択すれば一時的に心は楽になりますが、生存本能を脅かします。

その点、自己暗示をかけたり、好きなふりをするのは簡単です。仮に効果がなくても払う代償は少ないです。

私達はほとんどの行動を自分の意志でおこなっていると勘違いしていますが、1日の行動の大半は無意識レベルで対処しています。ですので無意識に訴えかける自己暗示や、好きなふりをするのは脳科学的にも有効な方法なのです。

是非、一度試してみて下さい。

POINT

嫌いな上司の対処法は、自己暗示をかけ好きなふりをすること

2

「欲」と「執着」

多くの人は、もっとお金持ちになりたい。もっと大きな家に住みたい。もっと地位や権力を得たいという願望があります。

また、一方ではこのような「欲」は持たないほうがいいとも教えられます。「欲」というと、「欲張り」「強欲」「欲の塊」など、どちらかというと悪いイメージがあり、言葉にするのに抵抗があるからでしょう。

しかし、欲がなければ文化も文明も医学も発展していません。もっと楽になりたいという「欲」から携帯電話もクーラーも飛行機も生まれました。

「欲」は私達のモチベーション向上のエネルギーです。大いに欲を持ちましょう。

仏教では「欲」を捨てれば、心の平安が訪れると言います。確かにそのとおりかも知れません。

しかし、すべての欲を捨てると幸せになれるのでしょうか。私はそのようには思いません。一度しかない人生。大きな目標を立て、自分の夢・目標の達成を願い、実現することが人間の醍醐味だと考えるからです。

なぜ人は「欲」という言葉に良いイメージを持っていないのでしょう。

それは、「欲」というと、行き過ぎた欲のことをイメージするからです。

先ほどのように、自分の夢実現の起爆剤になる欲を「健全な欲」と言います。

行き過ぎた欲を「執着」と言います。

この両者の違いは「健全な欲」は期待の内にあり、「執着」は焦燥感の内にあります。

お金持ちになりたいという欲でも、日々楽しい期待感の中で暮らしているのであれば「健全な欲」です。

頑張っても効果が上がらず、焦り、不満の日々を送るのは、お金持ちになりたいという目標に「執着」していることになります。


両者の違いをもう少し詳しく話します。

「健全な欲」は達成を夢見ていますが、**達成までの道のりも楽しんでいる**のです。この場合、仮に達成しなくても十分楽しい人生になります。

「執着」は結果にばかり目が行き、達成までの道のりは苦しみしかありません。もし仮に達成しなかったら、苦しみだけが残ります。

目標の達成にはそれなりの時間がかかります。「健全な欲」は時間がかかっても道程に楽しみを見出しているので耐えることができます。

「執着」は結果オンリーですから、長期間我慢することができません。


私達は自分の可能性に制限をかけていますが、自分で考えている以上に能力、才能があります。その気になれば信じられないようなエネルギーを内包しています。

この**エネルギーを爆発させるのが「欲」です**。燃えるような願望を抱きチャレンジすれば、多くの事は実現します。

このような欲は大いに持って下さい。

皆さんも執着を捨て、健全な欲を保ちながら夢を実現して下さい。

POINT

健全な欲を起爆剤に夢・目標を実現する

3

感謝を期待するな！

Yさんは怒っていました。

理由を聞くと、姪の高校生のB子さんにお小遣いを1000円あげたのに、お礼の電話もメールもないとのことです。

B子さんの父親がこの話を聞いて、娘に注意しました。

するとB子さんが、確かにお礼を忘れていたことは悪かったと言いましたが、次に出た言葉は、

「叔父さんも、たかが1000円ぐらいでお礼がないと怒るのは大人げない。もう二度とお小遣いなんかいらないと伝えておいて」と逆切れです。

この話は何を物語っているでしょう。

Yさんは、姪にお小遣いをあげて彼女に喜んでもらおうとしました。あくまで善意の行動です。

しかし、その見返りに感謝を要求しました。すなわち自分の自己重要感を高めたかったのです。

結果は、Yさん、B子さん両方の自己重要感が下がりました。そして1000円と

いうお金のために、その後の人間関係にも影響を及ぼす事態になりました。

このようなことは日常でよく起きています。

相手の自己重要感を高める行為で、一番してはいけないのが見返りを期待することです。


先日もある会社の社長が、社員全員をハワイ旅行に連れて行ってあげたのに誰もお礼に来ないと嘆いていました。

社員側としては、旅行よりお金が欲しかったのかも知れません。なかば強制の社員旅行に不満な人もいたでしょう。社員は自分たちが一所懸命働いたので会社が儲かり、その利益がハワイ旅行の原資になっているのだから当然の権利だと思っている人もいます。

どちらが良いか悪いかを話しているのではありません。

感謝を期待すると多くは失望に終わるという事実を知っておいて下さい。イエス・キリストは10人のライ病患者を癒しましたが、お礼に来たのは一人だけでした。

人に与えたり、善行は大いにしてあげるべきです。

ただし、その見返りに**「感謝」を期待すると、自分自身の自己重要感が下がります。**

すると相手に強要したくなります。

世の中には、何かをしてもらって当然と考えている人がたくさんいます。

感謝を期待すると自分が苦しくなります。

また、自分のした行為が、必ずしも相手にとって嬉しいことかどうかわかりません。

感謝を期待すれば、単なる親切の押し売りになるかもしれないのです。

相手に与えて感謝の言葉がなかったとしても、自分の自己重要感が下がらない範囲で、親切や善意での行動をおこなって下さい。

POINT

「感謝」を期待すると、
自分自身の自己重要感が下がり苦しくなる

4

「喜びの遊び」のゲームをする

「悲観主義は気分によるものであり、楽観主義は意志によるものである」

この言葉は、『幸福論』で知られるフランスの哲学者アランの言葉です。

確かに的を射た言葉です。

私達は自然に任せると、どうしてもネガティブなことを考えてしまいます。

楽観主義やポジティブ心理学などで、物事を良いほうに考える生き方を提唱していますが、実行に移すのは非常に難しいです。

太古の昔、私達の先祖は大自然と対峙して生きていました。数々の外敵から身を守るために、慎重に慎重を重ねないと生き延びることができませんでした。

それにより楽観主義の遺伝子は淘汰され、悲観主義の遺伝子だけが引き継がれたのです。ですから、悲観主義であって当然なのです。

文化文明が発達し、私達の思考は生存の維持と子孫の繁栄だけでなく、多くの物を求める時代に入りました。

アランは悲観主義を「思考の病気」とまで言っています。

病気か否かは別にして、この悲観主義から解放されるには勇気が必要です。

悲観主義から脱出するには、次の2段階を経て下さい。

1、変えられないものに執着しない

2、変えられるところからはじめる

1ですが、私達は自分の力でどうすることもできないものがあります。それは「過去」と「他人」です。

過去の失敗を憂えてもどうすることもできません。他人の言動を変えようとする行為も労多くして実少なしです。

ところが、私たち人間は、常々「他人」が「過去」に言った言葉を気にしすぎてしまって、その結果、負のスパイラルに突入します。行き過ぎるとアランの言うように「思考の病気」すなわちうつ病、心身症になってしまいます。

2ですが、パート1でも話しましたが、感情をダイレクトにコントロールしようとせず、感情が良くなる行動を心がけてください。

それは**笑顔を作る、胸を張って早足で歩く、使う言葉をプラスの言葉に変える**、という行動をとることで、心がプラスに変化していきます。

そして以上のことができるようになったら、是非、**事象の良いところを見つけるクセをつける**ようにしましょう。

アメリカで100年近く前に大ベストセラーになった『少女パレアナ』という小説があります。日本でも現在、角川文庫から発売されています。

この本の主人公は「喜びの遊び」というゲームをします。

発端は、慰問箱から出た松葉杖です。少女が前々からお人形を欲しがっていました。しかし、何かの手違いで届いたのは松葉杖です。落胆している少女に牧師の父が、この松葉杖から喜びを見つけるゲームをすすめるのです。

「松葉杖を使わなくても歩ける自分が嬉しい」ということを見つけたパレアナは、その後両親をなくし、意地悪な叔母さんの家に引き取られます。

普通なら落ち込みそうな場面で11歳のパレアナは、必死になって喜びを見つけるゲームを続け、周囲の人の心をつかんでいくのです。

楽観主義になるには、決意と意志が必要です。でもそれを手に入れれば大きな喜びをつかむことができます。

POINT

事象の良いところを探すクセをつけるとプラス思考になる

5

不安を克服する方法

「恐怖」と「不安」の違いは何だと思いますか。

恐怖とは記憶のデータベースに入っている身を守る知恵です。

私達の記憶のデータベースには、生まれてから今までに経験したもの、例えば沸騰したやかんを触るとやけどするという知恵、太古の昔から引き継いできた遺伝子の記憶、蛇を見ると怖くなるなどがあります。

いずれにしても、私達が生きていく上で絶対必要なものです。普段は表面にあらわれることはありません。

ところが、不安はあなたの空想が生み出す産物です。常に意識の中に存在し、精神をむしばんでいきます。まさに心の病気です。

不安を克服する方法は次の3つです。

1、受け入れる
2、別の行動をする
3、解決にチャレンジする

①不安から逃げようとすると余計に不安が増大します。考えないようにしようとす

ればするほど、不安は追いかけてきます。

例えば、会社でリストラされたらどうしよう、と不安になったとします。

一度この不安が頭をよぎると、どんなに逃げても追いかけてきます。

このような場合は、**冷静に今の状態を理解し、回避できない状況なら素直に受け入れる覚悟が必要**です。

私の知人が相談に来ました。同僚がリストラされ、いずれ自分も同じ状況に陥るかも知れないと不安で眠れないとのことです。

冷静に分析するとリストラにあった同僚と彼とは能力も部署も全く違いました。おまけに会社の業績も絶好調で、彼にまでリストラの手が伸びるとは常識的に考えられませんでした。不安のスパイラルは現実から遠く離れたところにまで進行します。

②別の行動をとるというのは、不安を残したまま、**自分が打ち込めることにエネルギーをシフトする**ことです。運動をするとか、好きな映画を観に行くとか自分の好きなこと、興味があることに忙しく動き回ることです。

不安があると気分が晴れないので、家に閉じこもりがちになったり、お酒やギャンブルに向かいがちですが、お酒やギャンブルは一瞬不安を忘れますが、現実に戻った時に不安は倍化します。

③解決にチャレンジするというのは、先の例だとリストラに備え人材バンクに登録するとか、専門分野を高める勉強をはじめる。もしくは会社になくてはならない存在になるよう、今の仕事により一層注力するなどです。

なにもせず、不安を抱えたまま悶々と悩んでいると、精神がむしばまれ本当にリストラの対象になるかも知れません。不安の要因が具体的になれば、解決策を見つけることもできます。不安な時は、その状況を受け入れ、客観的に分析し、できることから行動に移して下さい。

POINT

不安を客観的に分析し、問題を具体化した上で、できることから行動に移す

6

道程を楽しむ

先日、相談に訪れたSさん（男性）は、35歳までに起業独立し年商1億円の会社を創ることに執念を燃やしていました。

何かの目標を定め努力を重ねることは素晴らしいことです。夢の実現をモチベーションにすることに何の問題もありません。

事実、Sさんはとても努力しています。自分の専門知識を得るための時間とお金は惜しみません。

私が気になったのは、楽しそうではない様子です。顔の表情もどこか追いつめられているように感じました。

私は多くの成功者を見てきました。成功に至る手法は人それぞれです。でも、共通項もあります。成功者は夢の実現に至る道のりを楽しんでいることです。

私の友人で上場会社を立ち上げた人がいます。まだ会社が小さい時からの友人です。夢は時価総額１０００億円の上場会社を創ることです。彼は頭がおかしいと思われるぐらいビッグな目標を私に話します。夢を語るときは、すごく楽しそうなのです。

途中何度も倒産の危機に遭いましたが、へこたれず常に前向きでした。彼は現実に時価総額500億円の上場会社を創りました。

もう一人の友人の話をします。

彼は2代目社長で会社の経営は安定しています。先ほどの友人と同じように途方もない大きな夢を私に話しました。

ただ、夢を語りながら楽しそうでなく、周りの期待と使命感から言っているようにも見えました。その後成功したという話は聞きません。

相談に訪れたSさんもこの友人と同じように映りました。

Sさんに「今を楽しんでいますか？」と聞いてみました。Sさんは「この大変な時に楽しむなんてとんでもない！」とおっしゃいました。「それでは夢を叶える行動は楽しくないということですか？」とお聞きしてみたところ、少し考えてから「夢を叶えるのは苦しいことではないでしょうか」とおっしゃいました。

大きな目標の実現には熱意が必要です。執念というエネルギーを燃やし続けなければいけません。

このエネルギーが高いほど成功という果実を手に入れやすくなります。

日々が楽しくなくても目標達成のエネルギーが高ければ実現するかもしれませんが、心が苦しい状態では幸せではありません。

心の平安を得るためには、「今」を楽しむことが重要です。

大きな目標を立てることも重要ですが、一番大事なのは、**目標達成に至る道程を楽しむこと**です。

目標に向かう道のりで、さまざまな経験をし、目標そのものが変わるかもしれません。必ず当初の目標を叶えなければならないと執着し続けると、あなたの可能性を閉ざすことになってしまいます。

目標の実現だけがすべてという考え方を捨て、毎日の生活を楽しみ、目標達成に至る道程を楽しんで下さい。

心が自由であるほど、目標に至る道のりの中で思わぬ発見があるものだからです。

POINT

心の平安を得るには、目標達成に至る道程を楽しもう

7

言葉の魔力

先に登場した時価総額1000億円の会社を創ると言っていた私の友人は、まだ4人しか社員がいない頃から、全国に100店舗構想が夢でした。事あるごとに「全国100店舗」と口にしていました。9年後に本当に100店舗を達成しました。

出世する人と、そうでない人は言葉を聞けばわかります。

私の経験上、上司が「今月末までに500万円の売り上げをあげるように」と言った時に、第一声で、「はい。わかりました」という人が成功していきます。

逆に「いや。月末までには無理です。なぜなら…」とダメな理由を想像するタイプに成功する人はいません。

理由は二つあります。

一つ目は、上司の言葉を否定することで上司の自己重要感が下がります。

二つ目は、「無理です」と言った時点で、脳はできない言い訳を考え出します。できない言い訳がどれだけ正しくても、「できない」という事実に変わりありません。

「はい。わかりました」と言えば、脳はできる方法を考え出します。

できるイメージを抱くのと、できないイメージを抱くのとでは差は歴然です。
私達は自分の夢・目標を掲げながら、言葉は逆のことを言っていることがあります。とてももったいないです。
素敵な結婚を夢見ながら「どうせ私なんか…」
お金持ちになりたいのに「お金だけが人生じゃない…」
出世を望みながら「あんな上司は嫌いだ…」
これではいつまでたっても願望は成熟しません。目的地と逆の方向に進んでいるのですから。

人間は自分のイメージした通りになると言います。そのイメージは言葉から作られます。

成功者と一日一緒にいればわかります。彼らが使う言葉はほとんど前向きな言葉です。

大変な案件が来たときも、「面白いからやってみよう」と言います。

トラブルがあった時も、「それではどうしようか」と解決策を考えます。

「もうだめかもしれない」と簡単に口にする人はいません。「大丈夫。解決策は必ずあるから」そのように上司が言えば、部下も一緒になって、良い解決策を考えてくれるのです。

逆に「できない」「苦しい」「お金がたまらない」こんな言葉が口癖になっている人の元に、運のいい人は近づきません。

幸運は「人」が運んできてくれるのです。否定的な言葉は、成功したくないと宣言しているのと同じです。

明日から、少しでもたくさん、明るく前向きの言葉を使って下さい。信じられないほど人生が変わります。

POINT

人間は自分の発する言葉どおりになる

8

「我慢」と「許し」の違い

「許し」の重要性を唱えている書物はたくさんあります。

しかし、周りを見渡すと多くの人が「許し」ではなく、「我慢」しているように見受けられます。

私はこれまでに何度も「自己重要感」の説明をしてきました。ここでもう一度復習をしましょう。

自己重要感とは、「すべての人間が自分のことを高く評価して欲しいと願っている」ということです。

相手の自己重要感を満たしてあげれば、相手はあなたに好意を持ちます。そうするとあなたは魅力的な人間になり、上位の人脈と情報が手に入り自然と願望は達成されていきます。

ここで今一度考えていただきたいのは、自己重要感は相手だけではなく、自分自身にもあります。

誰かがあなたにひどい仕打ちをしたとします。

あなたの自己重要感は相手の行動が原因で下がりました。ひどい仕打ちをする人は、相手の自己重要感を下げる人ですから魅力的な人ではありません。
そんな相手を無理に許そうとすると、自分自身を苦しめ、さらに恨みの念が高まり、あなた自身が病気になってしまいます。なぜならそれは「許し」ではなく「我慢」だからです。

憎しみはその相手だけではなく、自分自身に返ってきます。もっと言えばあなたが恨んでいる間も、その相手は他のことをして楽しんでいるかも知れないのです。これほど分の悪いことはありません。憎めば憎むほどあなた自身のエネルギーが下がり、苦しむだけです。

では許すにはどうすればいいか具体的方法を話します。
まず、**あなたが感じていることを紙に書き出して下さい**。マイナスの感情は紙に書くことにより軽減されます。

次に先ほど書いた内容から、**プラスのことを探し出して下さい。つまり「喜びの遊**

び」をするのです。

例えば、次のようなことです。

「あいつはひどい奴だが、彼を反面教師にして、コミュニケーションが上手く取れる人間になれた」

「突然リストラされたおかげで今の会社に転職ができ、結果的に前の会社の時より幸せに働けている」

「人に傷つけられたからこそ、思いやりの気持ちを持てるようになった」

このようにマイナスの出来事から、プラスを探すことで、苦しみを軽減できます。

「許し」とは感情を解放することです。「我慢」は感情を閉じ込めることです。

負の感情は閉じ込めると増大しますが、解放する行為を繰り返せば軽減できます。

こうして浄化し、いつの間にか負の記憶も薄れていくでしょう。

POINT

辛い状況を書き出し、そこからプラスのことを探し出す

◎パート3のまとめ

- 嫌いな上司の対処法は、自己暗示をかけ好きなふりをすること
- 健全な欲を起爆剤に夢・目標を実現する
- 「感謝」を期待すると、自分自身の自己重要感が下がり苦しくなる
- 事象の良いところを探すクセをつけるとプラス思考になる
- 不安を客観的に分析し、問題を具体化した上で、できることから行動に移す
- 心の平安を得るには、目標達成に至る道程を楽しもう
- 人間は自分の発する言葉どおりになる
- 辛い状況を書き出し、そこからプラスのことを探し出す

part 4

評価される人の魅力を高める魔法のルール

1

魅力的になるおまじない

誰もが評価されたいと望んでいます。その目的を達成するためには、最初に知識を得る必要があります。次に行動です。でも、これだけでは評価される人にはなれません。評価されるには、相手の自己重要感を上げる行為を継続しなければいけません。

人間は「意志」と「習慣」が喧嘩すると、必ず「習慣」が勝ちます。私達の脳はそのようにプログラムされているのです。

日常の行動も大半は習慣でおこなっています。朝、仕事に行く時、靴を右足から履こうか、左足から履こうかいちいち考えて行動していませんよね。靴を履く時のように、無意識に行動できるまで、習慣に落とし込む必要があるのです。

今あなたがいるポジションは、今までのあなた自身のコミュニケーションの習慣の上に成り立っています。

誰からも愛され、多くの人に応援される人は、過去にそれにふさわしい行動を起こしてきた結果です。

逆にみんなから敬遠される人も、やはり過去に自分が取った行動の結果です。

ところが、多くの人は自分がどの位置にいるかわかっていません。

ある会合に出席した帰りにAさんが言いました。

「あの○○という男、よくしゃべるね。ちょっとしゃべり過ぎだよね」

その場にいた私からすると、どうみても○○さんより、Aさんのほうがよく話していました。しかも自分のビジネスがいかに上手くいっているかを自慢していたのです。

多くの人は自分が話す時間を過小に見積もり、相手の話している時間を過大に感じています。理由は自分が話している時は楽しいから、長く話していることに気が付きません。他人の話を聞くのは苦痛ですから長く感じるのです。

相手と自分、五分五分で話していると感じている時は、7対3だと考えておいて下さい。


自分が話し手にまわるより、聞き手になったほうが、確実に好感度は上がります。

親しい友達と一緒なら、自分がしゃべりすぎていないかを訊ねるのも一法です。

ところが「聞き上手は好かれる」という、相手の自己重要感を高める行為の利点はわかっても、意思の力だけでは続きません。靴を自動的に履くように、相手の自己重要感を上げる行動も、習慣化する必要があるのです。

ここで良い方法をお教えします。人が話し出したら心の中で「**話を聞くのだ。話を聞くのだ**」と唱えて下さい。このおまじないはかなり効果があります。

一般に私達は他人が話している間、相手の話を理解しようとするのではなく、次に自分が何を話そうか考えています。おまじないをすることによりこの反応を防ぐことができます。

この**おまじないを習慣にすればあなたの魅力は確実に高まります**。

「話を聞くのだ」と唱えることにより、相手が話している途中で話の腰を折ったり、口を挟まずにいられるようになり、習慣化することで、聞き上手で魅力的な人になれるでしょう。

POINT

魅力的になるには、相手が話している間
「聞くのだ聞くのだ…」と呪文を唱えよう

2

〝脳〟を味方に付ける

習慣の話を続けます。

あなたの願望を達成するには、悪い習慣と決別し、良い習慣に書き換えることです。慌てないで下さい。習慣を一気に書き換えることはできません。毎日少しずつ変えていくしか方法はありません。

あなたの習慣を書き換える応援団の話をします。

応援団。それはあなたの脳です。脳を味方に付ければ最強です。

人間の脳は抽象的なことを理解するのが苦手です。目標を立てる時も「お金持ちになりたい」では脳は力を発揮しません。

○年○月○日までに○○円を貯めると、具体的に指示を出す必要があります。

「魅力的な人間になるために、相手の自己重要感を高める行動を取る」という大目標を掲げ、次にどのような手段でやるかを決めます。

例えば、

「毎日、最低一人に良いところをほめてあげる」

「自慢話をしない」
「人の悪口を言わない」
「人の話を最後まで聞く」
「朝と帰りは必ず声を出して挨拶する」

このようなリストを作り、できた日は「○」を付け、できなかった日は「×」を付けて下さい。

すごくシンプルですが、驚くほど効果はあります。

人間の脳は、どんな小さなことでも達成すると喜びのホルモンが分泌され、また同じ喜びを求めます。できた日を明確にすることにより脳は喜びを覚え再現に力を貸してくれます。

「○」が9割以上になれば習慣化します。習慣化すると喜びのホルモンが低下しますので、その場合は次の新たなリストを増やして下さい。

ベンジャミン・フランクリンはアメリカが生んだ、もっとも偉大な人物と言われています。

彼は真の成功を得るために必要な「十三の徳」を書き出しました。そして小さなノートに項目別に、徳のある行動を取った日は白い丸「○」を、徳に反した行動には黒い丸「●」を付けました。

このノートのおかげで彼は大成功者になりました。

私達は自分のことを理解しているようで、意外とわかっていません。
ことを為すには自分を知ることが重要です。
ノートに○×を付けることで自分を見つめ直すことができます。
そして達成したことを脳に伝えることによりワクワク感が生まれます。
ワクワクすれば、また良いことをしたくなります。
漠然と生きていては昨日の習慣に流され何も変わりません。
是非、具体的な行動を起こして下さい。

POINT

ノートに○×を付けることで自分を見つめ直す

3

目に見えない
ネットワークの力は強力

他者の自己重要感を高める行為は、目の前の相手だけでなくその後ろにいる人にも力を発揮します。

仮にあなたがAさんの自己重要感を高めたとします。

Aさんの後ろには6人から20人の親密な関係の人が隠れています。

そしてその6人から20人の人の後ろにも親密な関係の人がいます。

あなたに自己重要感を高めてもらったAさんは、知り合いにあなたのことを宣伝してくれます。この宣伝効果はあなたが直接おこなうより何倍も効果があることはおわかりいただけると思います。

多くの人は自分に影響力のある人にだけ、自己重要感を満たすように努めます。

これでは、効果が限定的です。

アメリカのクリントン元大統領はホワイトハウスで働く多くの人の名前、およびその人たちのバックグランドを頭の中に叩き込み、機会あるごとに進んで話しかけました。ＧＥのジャック・ウェルチ氏も、ＣＥＯ時代は３０００人の社員の名前と顔を覚えたと言われています。

トップの人から自分の名前を呼ばれたり、話しかけられたりしたら、誰もが自己重要感が上がり、その人に好感を持ちます。

人は立場が上になればなるほど、嫉妬をあびる機会も増えます。ですから、このように皆に友好的に接することで、足を引っ張られることも少なくなるのです。

クリントン元大統領も、ジャック・ウェルチ氏も人の心理に精通していたのでしょう。

逆も真なりです。

私はどれだけ立派な人でも、飲み屋やショップで店員さんに横柄な態度を取る人は信用しません。

先日、有名なタレントが飛行機でCAに怒鳴っているのを目撃しました。テレビでは非常に謙虚なので驚きました。何があったかはわかりませんが、それ以降テレビに出演していても好感が持てなくなりました。

また、この世の中は不思議なしくみになっています。

「風が吹けば桶屋が儲かる」「バタフライエフェクト」などのたとえ話でもわかるように、一つの出来事から連鎖してどのようなことが起こるか、人は予想できません。

上場会社の役員の友達がいます。仮に山田さんとしておきましょう。山田さんが失業中の時に年賀状を見て親しい友達に電話をしました。そして職を探している旨を話しました。

翌日、その友人から電話があり、ベンチャー企業だけど経験者を探している会社がある、一度訪問してみてはどうかとすすめられました。

そして山田さんはそのベンチャー企業に転職しました。後にベンチャー企業は上場会社にまで成長しました。

ここでのポイントは、山田さんが失業中に電話をした相手は、山田さんに大変お世話になっていたこと。そしてベンチャー企業の社長に山田さんは優秀な人材だと太鼓判を押していたこと。

これらのことが、山田さんの大成功につながりました。

POINT

目に見えないネットワークを意識して行動しよう

4

社会的立場の高い人ほど孤立している

自己重要感を高める重要性をくどいほどお話しています。

なぜなら本当に効果抜群だからです。

世の中の大半の人の自己重要感は枯渇《こかつ》しています。もっと評価されたい、もっと自己重要感を充足して欲しいと熱望しています。

しかし、多くの人が自分の自己重要感を高めることに精一杯で、他者の自己重要感まで手が回らないのが現実です。

ライバルがほとんどいない状況で、あなたが相手の自己重要感を満たすことができれば、必ずあなたの願望は実現します。

ところで、自己重要感が枯渇しているのは自分だけで、上司や、会社の重役など、社会的に成功している人は枯渇していないと思われるでしょうか。

実は、そんなことはないのです。

会社の重役や成功者になると周りにほめてくれる人がいなくなります。

成功者はいつもみんなからほめられていると考えてしまうからです。

先日、大会社の社長と食事をしていたら、「社長になると誰からもほめられなくて寂しいよ」とつぶやいていました。さらに「家に帰れば妻からダメ出しばかりで、自己重要感下がりまくり」とぼやいていました。

また、役職が上がれば上がるほど、上にいる人が少なくなります。さらに期待される度合いが高くなるほど「そのくらいはできて当然」という空気の中で、わざわざほめてくれる人など滅多にいなくなります。

そして社会的立場の高い人は常に大きなプレッシャーを感じています。

会社の社長は話を聞いてもらうために、高いお金を出して銀座のクラブに通っているということはみなさんもご存じでしょう。

銀座のクラブのホステスさんは実に聞き上手です。商売ですから当たり前ですが、綺麗な女性が笑顔でうなずいてくれれば、自己重要感が高まるのは間違いありません。

このように、役職が上になっても、社長になっても、やはり自己重要感は枯渇しているのです。本書でも、自分の自己重要感を上げるために、自分で自分をほめる、大声で笑うなどの例を出しましたが、やはり自己重要感を上げてくれるのは、他者から認めてもらうのが一番効果的なのです。

よく耳にする事件ですが、家族と交流がない高齢者が、親切にしてくれた人を信頼して詐欺に遭うという事件があります。これは、孤独な人が自己重要感を満たしてくれた相手を信頼してしまうから起こる事件です。

成功者であっても、投資詐欺に遭うのは、欲もありますが、うまくおだてられたからかもしれません。

また、私が知っている会社経営者は、長年付き合いのあった取引先をやめて、別の会社に変えました。聞くと業務に問題があった訳ではなく、最近パーティーで知り合った人に、絶賛され、持ち上げられたことで自己重要感が上がり、長年の取引先さえ変更するほどの行動に出たようです。

このように、人は立場に関係なく自己重要感が枯渇する生き物です。そこを知ることが成功への近道です。

POINT

社会的立場の高い人でも、自己重要感は枯渇している

5

〝10％多く与える〟成功法則

アメリカの自動車メーカー、フォード社は自動車の大量生産に成功し一躍世界を代表する企業になりました。

1910年当時の自動車メーカーは働く工員の確保に頭を痛めていました。そんな中、創業者のヘンリー・フォード1世は従業員の雇用満足度に着目しました。給与を大幅に上げ、しかも労働時間を短縮した結果、競合会社が人員の確保に苦しむ中、フォード社には優秀な熟練工がたくさん集まったのです。

ヘンリー・フォード1世は従業員の生存本能という自己重要感を高めました。生存本能は人間の本能の根幹をなすものです。

自己重要感を高められた社員は当然お返しをしようとします。事実フォードの生産性とクオリティーは大幅に高まり、増額した賃金以上の利益をフォード社にもたらしたのです。

経営者側と社員は利害が相反すると考えます。

社員は90の力で100以上の報酬を求めます。経営者は90の賃金で100以上の労働を求めます。

つまり、社員はいかに楽をして給与をもらおうかと考え、経営者はできるだけ安く社員を働かそうと考えている図式がうかがえます。お互いの自己重要感を奪い合っているのです。これでは利益相反になるため、どちらも満足しない結果となります。


ところが成功する人は先に与えています。**私達の住む世界は、自分の受け取った給与以上の仕事をする人に幸運がもたらされるしくみになっているのです**。

なぜなら自己重要感を高められた経営者は、それに見合う、もしくはそれ以上のものをお返ししたくなるからです。

フォード社のように先に与えてくれる企業なら嬉しいですが、みなさんはそれを待つのではなく、自分から先に多く与える人になって下さい。

この法則は会社員でも自営業でも同じです。

みなさんが会社員なら、**もらっている給与より10%多く働くように心がけて下さい**。

自営業なら競合のお店より10%多く与えて下さい。価格を下げる必要はありません。

サービスを10％高めるだけで大丈夫です。

この10％の奉仕は、やがて利息がついて大きく返ってきます。なぜなら自己重要感を満たされた相手は、より多くのお返しをしたくなるからです。


私は行きつけのお店が数件あります。

どの店も例外なく他店より10％多く与えてくれます。

池袋にあるA店は、特別高級なお店でもなく、料理が特別なわけでもありません。でも、私が行くと店長が丁寧に挨拶に来てくれます。私は一緒にいる人に少し自慢できるのです。また、予約の時も名前を告げると「いつも大変ありがとうございます。横山様」と言ってくれます。私の自己重要感は上昇します。そして10年来そのお店に通っています。

POINT

もらっている給与より10％多く働くように心がける

6

目的を明確に！

数年前の話です。私は羽田空港で福岡行の飛行機を待っていました。ところが私の乗るＪＡＬの飛行機のジェットエンジンに鳥が入って運行が取りやめになりました。私はその日、福岡で店舗オープンセレモニーがあり、挨拶をすることになっていました。ＪＡＬの次の便では間に合いません。

カウンターに行き、当然のことのようにＡＮＡに振替えるよう要求しました。対応の女性はＪＡＬの次の便にしか振替えできないと言い張ります。

私も凄い剣幕で詰め寄りました。彼女はルールだからと、一向に応じる気配がありません。結局、口論が長引き時間的に間に合うＡＮＡの飛行機には乗れませんでした。

しかし、驚くことに私と同じＪＡＬの飛行機を予約しながら、無償でＡＮＡに振替えてもらった人物がいたのです。

彼の交渉は、まずカウンターの女性をねぎらい、

「もし可能であればＡＮＡに振替えていただければ助かるのですが」

とおだやかに訊ねたそうです。

私は最初から「ＪＡＬの責任だから、すぐに振替えしろ！」と高飛車に出ていまし

た。女性をねぎらう余裕もありません。今日のセレモニーで挨拶するのだからと自分の都合ばかりを訴えました。

ＡＮＡの振替をえゲットした彼は、「あなたは悪くない。もし可能なら振替えをお願いできますか」と低姿勢。

振替えできたのは、この対応の違いが原因かどうかはわかりません。

ただ、鳥がジェットエンジンに入ったのは誰の責任でもありません。悪いのは鳥です。いや、鳥は機嫌よく空を飛んでいただけで妨害した飛行機が悪いのかも知れません。

この対応で学ぶべきことは、自分の目的を明確にして交渉することです。

私の場合なら、目的は30分後に出発するＡＮＡの飛行機に振替えてもらうことです。ＪＡＬの非を認めさせることでもなければ、対応の女性に謝罪してもらうことでもありません。

私はいきなりＪＡＬの非を責め、対応の女性の自己重要感を低下させました。ＡＮＡに振替えてもらった知人は、対応の女性に「緊急時の対応は大変ですね。ご苦労様」と優しく声をかけました。当然対応の女性の自己重要感は高められます。

自己重要感を高めてくれた人に対して、最善の対応をしてあげようとするのは当然です。

私達は自分の正当性を主張したくなる生き物です。トラブルがあれば、相手の非を責めたくなります。そのように気が高ぶっている時こそ、本来の目的が何かを思い出して下さい。

正当性を主張する必要があるか十分考えて行動しなければいけません。そして**相手の非を責めても得るものがない**ことも覚えておいて下さい。

相手の自己重要感を高めたからといって、必ず目的が達成できる訳ではありませんが、相手を責めてお互いに嫌な思いをするよりは、ずっと良い結果が生まれます。たとえ結果が出なかったとしても、自己重要感が高まった相手の気持ちはあなたへの好意と変わり、それだけでトラブルのイライラが解消されるかも知れません。

相手の自己重要感を高める行為は、あなたにも返ってくるのです。

POINT

相手の自己重要感を高めると、自分の目的達成に良い影響が出る

7

怒る上司を実況中継して感情をコントロールする

人から批判されることほど嫌なことはありません。

批判する側に他意はなく、ただ自分の自己重要感を高めようとしているだけです。

しかし、批判される側は、心無い他人の言葉に傷つきます。

他者から批判された時の対応には次の3つが考えられます。

1、反論する
2、距離を置く
3、受け入れる

1の反論する行動が一番多いかも知れません。心無い発言を黙って聞いている必要はなく、根拠のないものなら堂々と反論すれば心も晴れます。

ただし、これは立場が対等の場合にしか通用しません。上司や権力者に反論すれば自己重要感の生存本能が脅かされます。対等であったとしても相手は快く思わないでしょう。

他人を変える行為はエネルギーの消耗が激しい割に、得るものは少ないです。

2の自分を批判する相手から距離を置くことは、相手の自己重要感を下げることもないので有用な方法です。ただし、こちらも万能ではありません。相手が家族や上司の場合、距離を置くにも限界があります。

おすすめは3の受け入れる方法です。

実は3が一番ハードルの高い方法です。人からの批判をそのまま受け入れるのは、誰にとっても難しいことでしょう。でもこれができれば自分を守る最強の武器になります。

批判に対し事実であれば改善し、根拠のないものであれば受け流す。

でも、ここまで忍耐力を付けるにはそれなりの修行が必要です。修行と言ってもお寺に籠る必要はなく、ただ冷静に物事を見つめる訓練をすればいいのです。内観法、瞑想をするのも一つの方法です。

3の少しハードルを下げた方法が、「慣れる」ことです。

私のところに相談に来るビジネスパーソンで一番多い質問が、上司に怒鳴られない方法を教えて欲しいです。怒鳴る上司を黙らせる方法はありません。

ただし**上司に怒鳴られることに「慣れる」こと**はできます。この方法は以前私も使っていました。

上司が声を張り上げた時に、嫌だ、逃げようとすると追いかけてきますので、心の中で実況中継します。

「また。はじまった。家で奥さんとうまくいっていないから、こちらに当たりちらしているんだ。おや、机を叩きだした。今度はゴミ箱を蹴るかも。やったー。正解。ゴミ箱が転がり始めた…」

この方法は効き目があります。上司から怒られないようにとビクビクしていても仕方がありません。いっそのこと上司に叱られることに慣れてしまいましょう。

POINT

上司が怒りだしたら、実況中継してみる

8

怒りの感情の時は アクションを起こさない

怒りの感情とどのように向き合うべきか、多くの人が頭を痛めています。まず、怒りのメカニズムを話します。怒りは自分の考えていることと現実が違った時に起こります。

先日、私は高田馬場駅で特急券を買おうと並びました。ところが私が並んだのは最後尾ではなく、列の真ん中の少し間が空いているところでした。

当然後ろに並んでいる人は怒りだします。横入りはいけないことです。でも、私は故意に横入りをしたわけではありません。ただ知らずに勘違いしただけです。

後ろの男性のすごい剣幕に今度は私のほうに怒りが湧いてきました。横入りした私が怒るのはおかしいですが、私の心の中では「わざとじゃないのだから、そこが最後尾じゃないですよと、優しく言ってくれればわかるのに、大声で怒鳴るなんて」と感じたのです。

怒っている相手は私の心情などわかりませんから、いつもこいつは横入りするようなやつだ、優しくすればつけあがると考えていたかも知れません。

いずれにしても、怒りは自分が正しく、相手は間違っているという前提からはじまります。人間は自分の考えていることだけが正しいと勘違いしています。相手も同じように自分の考えが正しいと思っています。

世の中、何が正しいか、何が間違いかは、置かれた立場や環境によって変わってきます。戦争が起こるのはそのためです。それぞれの国が自分たちの考えだけが正しいと思い、間違っているほうを正そうとするところから争いがはじまります。

ここで私が言いたいのは道徳観や宗教観ではありません。

あなたが怒りをぶつけた相手の自己重要感は、著しく下がるという事実を知っていただきたいのです。

自己重要感を下げられた相手は報復を考えることもあります。この場合の報復は利益を度外視してやってきます。見ず知らずの相手から危害を加えられる可能性もあるのです。

怒りの感情が湧いた時は、少なくても数分間、できれば翌日までアクションを起こさないで下さい。

怒りの感情のまま行動すると、相手の一番傷つく言葉を選択してしまいます。関係が親しければ親しいほど、相手の傷つく言葉を使って攻撃しようとします。この行動は冷静になったとき必ず後悔します。

怒りの感情は出てきたら、何のアクションも起こさず、適当な言い訳を作ってその場から離れて下さい。

そして感情が鎮まったら、相手がなぜあのような行動を取ったか冷静に考えてみて欲しいのです。

相手の言動は自分の鏡と思って間違いありません。あなたが相手にしたことと同じことが相手から返ってきます。

その導線は今日の出来事だけではなく、過去のあなたの行動も含まれていることもあります。相手の気持ちが理解できるくらい冷静になれば、あなたの怒りもおさまっているでしょう。

POINT

怒りの感情が出てきたら、アクションを起こさない

◎パート４のまとめ

・魅力的になるには、相手が話している間「聞くのだ聞くのだ…」と呪文を唱えよう
・ノートに○×を付けることで自分を見つめ直す
・目に見えないネットワークを意識して行動しよう
・社会的立場の高い人でも、自己重要感は枯渇している
・もらっている給与より10％多く働くように心がける
・相手の自己重要感を高めると、自分の目的達成に良い影響が出る
・上司が怒りだしたら、実況中継してみる
・怒りの感情が出てきたら、アクションを起こさない

part 5

なぜ評価される人は頑張りすぎないのか

1

人を不快にしない大阪商人の知恵

昔の大阪商人のあいさつは

「もうかりまっか?」です。

商人の街ですから景気動向をたずねるのは、農家が天気の話から入るのと同じです。

次に「あきまへん」と続きます。

儲かっていても「あきまへん」と言います。嫉妬や妬みを受けないという配慮でしょう。

もう一つ大阪商人の特徴的会話に、「考えときまひょ」という言葉があります。

相手から決断を迫られた時に「ノー」とは言わずに「考えときまひょ」とあいまいな言葉で濁します。

大阪商人のあいだでは「考えときまひょ」は「ノー」と同意語なのです。現在のビジネスは大阪だけではなく全国、そしてグローバルに発展していきますので、このようなあいまいな言葉は誤解を招くので、使われていないかも知れません。

この「ノー」と言わないことには大きな意味があります。

他人に対しての「ノー」は相手に不快な印象を与えます。

自分に対する「ノー」は脳にできないという制限を与えます。

いずれにしても得策ではありません。

このようなことを講演で話すと、断りたい時ははっきり「ノー」と伝えるべきではないかと聞かれます。私は質問者に対し「何を目的としていますか?」とお聞きしています。相手に好かれたい、評価されたいのであれば、「ノー」と言うのは目的達成に反します。

実際にあったケースで話します。

上司が部下にコピーを頼みました。Aさんは急ぎの仕事を抱えていたので「すみません。今は忙しくてできません」と言いました。

ところがBさんは「はい。わかりました」とすぐにコピーをして上司に渡しました。Bさんも Aさんと同じぐらい忙しかったのです。Aさんの言い分からすると、自分は忙しい。コピーぐらい自分で取れよと思うでしょう。

でも、断られた上司は、どれだけ忙しいか知らないが、自分のほうがもっと忙しいと思っているかもしれませんし、コピーぐらい3分でできるのだから、仕事を止めてでも上司の仕事を優先するべきだと考えるかも知れません。

ここで私は、どちらが正しいかを言いたいのではありません。自分の指示に対し「ノー」と言われたことで、Aさんの印象は悪くなります。Bさんには好印象を持ちます。

3分でできることを拒んだことの代償はとても大きい、ということを知っていただきたいのです。

なんでもかんでも「イエス」と言う必要はありませんが、**要求に対し「ノー」といえば、相手の自己重要感は下がります**。

私達は自己重要感を高めてくれる相手にはいずれお返しをしようとします。

あなたが「イエス」と言うのも、「ノー」と言うのも自由です。ただ、「ノー」と伝えたときの相手の反応を知っていただきたいのです。

POINT

「ノー」と言った時の相手の反応を知ることが大切

2

素直に受け取る

人をほめると相手の自己重要感は上がります。

では逆にあなたがほめられたとき、どのような反応をしていますか。

「○○さんのバッグ、素敵ですね」

「いえ。そんな、ただの安物ですよ」

「きれいな刺繍ですね」

「いえいえ。こんなのどこにでもありますよ」

誰かにほめられると、嬉しい反面、少し居心地が悪く、どうすればよいかわからなくなることはありませんか。

「きれいですね」とか「素晴らしい文章」と言われても素直に受け取れずに「そんなことないです」と相手のほめ言葉を否定する人がいます。

これは相手の自己重要感を下げる行為です。

相手がほめてくれた時に、素直に受け取ることで相手も自分も自己重要感を上げることができます。

「○○さんのバッグ、素敵ですね」

「ありがとうございます。嬉しいです」

「刺繍もとてもきれい」

「はい。私もこの刺繍はお気に入りなんです」

このように**受け取ってもらえるとほめた相手の方も嬉しい気持ちになります**。


ほめられた時は素直に受け入れ、喜びの感情を言葉や表情に出して下さい。相手は自分の価値観を受け取ってもらえたことで、自己重要感が上がるのです。

可能なら、もう一言、「○○さんにほめていただいたので、今日は一日良い気持ちで過ごせそう」と相手の心遣いに感謝の言葉を付け加えれば、相手もさらに良い気持ちになります。

私達は人から受け取ることが苦手です。そのまま受け取ると図々しいのではと思いがちですが、本当は誰もが人に喜んでもらいたいのです。

ただ、ほめ言葉でも、あなた自身のことを直接ほめられた場合、受け取りにくいここともあります。

「おきれいですね」

「ありがとうございます」

「あなたは優秀ですね」

「はい。ありがとうございます」

このような受け取り方をすると、自意識が高いと相手に感じさせる可能性もありますし、受け取ることで誤解を招くのは本望ではありません。

このように受け取りにくいほめ方をされた時は、

「そんな風に思っていただけて嬉しいです。よく知ったらガッカリされるかもしれません（笑）」

のように、相手の言葉に感謝の気持ちを伝えて受け取ったことを示し、少し自分を落とすことで、あなたの印象もさらに良くすることができるでしょう。

POINT

受け取りにくいほめ言葉は、感謝の気持ちで受け取ろう

3

「与えすぎ」には要注意

相手の自己重要感を高めるためには、次の3つのどれかを与える必要があります。

1、生存本能を満たすもの
2、集団欲求を満たすもの
3、自尊心を高める行為

2と3は自分の自己重要感が枯渇しない範囲でどんどん与えてあげればよいでしょう。しかし1の生存本能を満たすものだけは分量を調整する必要があります。生存本能を満たすものとは、現在ではお金です。


先般、ある女性が私に次のような話を聞かせてくれました。

「横山さん、私の尊敬する〇〇さんは神社のすべての賽銭箱に1万円のお賽銭をしたんです。やはり成功者はどんどん与えるのですね。私も1万円札をお賽銭箱に入れちゃいました。返ってきますかね」

私は驚いて返事ができませんでした。

私は金融機関で働いていたので、十分な財力がないのに人を信じて連帯保証人になり、自分自身も破たんした人をたくさん見てきました。人が困っている時は助けてあげるべきです。ただしお金については、自分の財力をよく考えて与える必要があります。

人にご馳走することも良いことですが、そのために家族が大きな犠牲を払っているならこれは本末転倒です。

人は立場も性格も変わりゆくものです。

今、どんなに成功していても一瞬で転落することがあります。

とても親切で優しい人も環境が変われば性格も変わります。

自分の財力を超える以上に与えてはいけません。

先ほどの1万円のお賽銭の例もそうですが、お金を先に与えても返って来る保証はどこにもありません。寄付は素晴らしいことですが、その後ろに見返りを求めるものではないのです。

寄付とは、なんの見返りも期待せずに与えるところに意義があるのです。

自分の財力を超えてお金を与えると「不安」が先行します。

不安がある状態では魅力的な人間になれませんし、成功者にもなれません。

借金そのものは、必ずしも悪いものではありません。会社がお金を借りて設備投資をするのは将来の利益を生むための先行投資です。

逆にブランド品を買ったり、ギャンブルのような消費は借金をしてまですべきではないのです。

ブランド品を買った瞬間や、ギャンブルしている瞬間は、アドレナリンが放出されて、気分が高揚するためワクワクするのですが、借金をしていると心の中に「不安」が走ります。不安な状態での賭け事は勝てないしくみになっています。

人に与えるのも、自分への投資も、くれぐれも「不安」がない状態でなさって下さい。

POINT

自分の財力を超えて与えてはいけない

4

「謙虚」は常に美徳ではない

「実るほど頭を垂れる稲穂かな」

謙虚さをあらわす有名な故事です。

多くの人が謙虚さを称賛します。でも私の考えは違います。

実っていく過程で徐々に謙虚になるならいいのですが、最初の内から謙虚だと周りからなめられて、便利屋になってしまいます。

私の知人のAさんは、心優しくとても謙虚な男性でした。相手が失敗しても「すみません。私が悪かったです」と頭を下げられます。

謙虚さにかけては抜群な人間です。飲み会の席でも一番に行って椅子を並べ、箸が足りないと、真っ先に「私が取ってきます」と席を立ちます。周りに後輩がたくさんいてもこの状況は変わりません。

この彼が周りから慕われているかと言えば、そうでもないのです。面倒くさい仕事はすべてAさんに任せればいいと考えるようになりました。

上司も雑用はAさんに頼みますが、重要プロジェクトのメンバーに加えることはありません。

このように、どんな時でも謙虚にすればいいのかと言うと、決してそうではありません。

「実るほど頭を垂れる稲穂かな」「謙虚も過ぎれば自慢になる」この正反対のことを言っている二つの諺はどちらも正しくて、どちらも間違いなのです。

京セラ、第二電電（現在のＫＤＤＩ）の創業者、稲盛和夫さんが、真っ先に箸を取りに行けば周りは賞賛するでしょう。誰もが稲盛さんを便利屋とは思いません。

謙虚さは周りから嫉妬を受けそうな時や、自分が明らかに優位な時には効果を発揮しますが、同等か劣位の時には使わないほうがいいのです。

同等、劣位の時に謙虚さが目立つと卑屈に映ることもあると心得てください。

もっとわかりやすく言えば、**自分の自己重要感が枯渇している時に、相手の自己重要感を高める行為は自分自身を傷つけます。**

この本は、相手の自己重要感を高める方法を説いてきましたが、自分の自己重要感がどれだけ満たされているかを知ることも重要です。

自分の自己重要感が低下している時は、他人の自己重要感を高めることを止め、自分にご褒美をあげましょう。

景色の綺麗な海や山に行くのもいいですし、好きな映画や音楽、読書もいいでしょう。まずは自分にプラスエネルギーを注入して下さい。

そしてもう一つ気を付けてほしいのは、決して「傲慢」にはならないで下さい。「謙虚」は状況に応じて使い分けが必要ですが、傲慢になることはどんな時でも慎みましょう。

傲慢になると人の心が離れていきます。誰も応援してくれなくなります。

勘違いしやすいのですが、自信と傲慢は違います。自信は自分に対して肯定しているということですが、傲慢は他人より自分のほうが上だと勘違いしている感覚です。

もし、他の人が自分より劣って見える時は要注意です。

POINT

「謙虚」は状況に応じて慎しみ、「傲慢」はどんな時にも慎もう！

5

三日坊主のススメ

三日坊主という言葉は、どちらかと言えばネガティブな意味で使われています。それは一度決めたことを途中で挫折したという、失敗経験に分類するからです。でも、よくよく考えれば、たとえ三日でも新しいことにチャレンジしたのですから、これは賞賛すべきことです。

チャレンジしなければ三日坊主も失敗も経験することがありませんが、楽しい生き方とは言えません。

私は新しいことをはじめるのが好きで、子供の頃は習字、そろばんを習いました。でもすぐに飽きてしまい、そろばん教室に行くふりをしておばあちゃんの家に遊びに行っていました。おばあちゃんが親切にも母親に連絡してくれましたので、バレてしまい母親に叱られました。月謝を払っているのに行かないのですから当然です。

高校生になる頃には、サッカー、剣道、水泳、演劇、小説創作等々多くのことに首を突っ込みましたが、どれもものにならず途中でやめています。

でも今考えれば、やっておいて良かったと思います。自分にどんな才能があるかわかるだけでも儲けものです。

私は子供の頃、プロの落語家として活動していました。やがて才能がないのでやめましたが、人の前で話したり、笑わせたりすることは好きだったようです。

今は講演活動をしています。人前でテンポよく笑わせる才能はありませんが、人に何かを伝える才能はあるような気がします。

小説のような文学的表現はできないとしても、本を書いて人に伝える才能は少しはあるのでしょう。

私たちも子供の頃は、なんにでも興味があり、なんでも知りたいと思います。ところが年を重ねるにしたがって好奇心も薄れ、社会のルールを意識するようになり、自分にできないという制限を与えていきます。

ところが成功者は驚くほど好奇心が旺盛です。**好奇心が活動のエネルギーになっています。好奇心旺盛の人は、知識も豊富で話も面白いです。**相手の自己重要感を高める情報をたくさん提供できるのです。

そして、すぐに飽きてしまうのも成功者の共通項です。

どんなに成功してもさらなるチャレンジをするのは好奇心が高いからです。

失敗、成功の概念がなく、自分の好奇心を満たすために次から次へとチャレンジしていきます。

そういう意味では、成功者は三日坊主大好き人間でもあります。

成功者は好奇心旺盛の故、あれこれ手を出しますが、向かないと思ったらすぐに手を引く決断力もあります。向かないことをいつまでもずるずると続けることはありません。そして、これだ！ と思うものに出会ったら、とことん追求するのも成功者の特徴です。

「好奇心」を高めることは素晴らしいことです。

好奇心とは一言で言えば「知らないことを知る喜びです」

私達の身の周りには不思議なことや、知らないことがたくさんあります。

あらゆるものに興味を持ち、知らないことを知るチャレンジをしましょう。

POINT

三日坊主でいいから、新しいことにチャレンジしよう

6

お願いすることをためらわない

人に頼むのが苦手な方は多いと思います。

相手に遠慮してお願いしにくい気持ちはわかります。

多くの人は**お願いをされた人の自己重要感が上がる**ことに気づいていません。

ここで言うお願いとは、依存のことではなく、思い切って相手の懐に飛び込むことを指します。

例えば、あなたが誰かに道を尋ねられ、知っている場所だったので親切に教えてあげたところ、相手が喜んでくれた時の気持ちを想像してみて下さい。急いでいるのに無駄な時間を使ったと思いますか。誰かの役に立てたことに喜びを覚えるのではないでしょうか。

わからないことは、わかる人に聞く。**自分の夢を叶えたい時は、夢を叶えることができる人にお願いする。**これが幸せに生きるコツです。

私が営業部長をしていた時に、一人の女性が支店長に抜擢してほしいとお願いに来ました。私の頭の中の支店長候補に彼女の名前はありませんでしたが、思い切って彼女を支店長に抜擢しました。

抜擢した理由は、お願いされたことで私の自己重要感が高まったことと、自分から志願するバイタリティーを評価したからです。

結果、彼女は実績を残し部長にまで昇格しました。

もちろん、お願いされたら誰でも支店長に抜擢する訳ではありません。過去の実績も考慮します。ただ、私の頭の中にあった候補人物と大きな差がなければ、お願いに来た人を優先することは確かです。

多くの人は、自分の人事をお願いすることに後ろめたさを感じますが、上司の立場で考えると志願してきてくれれば嬉しいものです。たとえ支店長にできなかったとしても次の支店長候補の上位にノミネートされます。悪い印象は持ちません。

成功者は自分からチャンスをつかみに行ける人です。言い換えればお願いできる人でもあります。

資金が足りなければ出資をお願いする。

人脈を作りたかったら、紹介をお願いする。

わからないことがあれば情報提供をお願いする。

そのために、**お願いを聞いてもらえる人物になっている必要があります。日頃から相手の自己重要感を高める行動を取り、あなた自身も努力しなければなりません。**

ただし、自分が何も提供できないのに、いつもお願いばかりしていると、誰からも敬遠されるので注意する必要があります。

あなたが提供できるものは、目に見えるものでなくてもかまいません。あなたが頑張っている姿勢や成長している姿を見せることでもいいのです。

お願いするときは、正直に自分の夢や目標を話し、実現のために力を貸して欲しいと誠意をこめて伝えて下さい。

その時に断られたとしても、恥ずかしいとは考えないで下さい。たとえ断られてもお願いする前の状態に戻るだけですから、何も失うものはありません。

捨てるのはプライドだけです。プライドとは小我です。夢は大我です。大我のために、小我を捨てて、あなたも思い切ってお願いしてみましょう。

POINT

自分の夢を叶えたい時は、夢を叶えることができる人にお願いする

◎パート５のまとめ

・「ノー」と言った時の相手の反応を知ることが大切
・受け取りにくいほめ言葉は、感謝の気持ちで受け取ろう
・自分の財力を超えて与えてはいけない
・「謙虚」は状況に応じて慎み、「傲慢」はどんな時も慎もう！
・三日坊主でいいから、新しいことにチャレンジしよう
・自分の夢を叶えたい時は、夢を叶えることができる人にお願いする

あとがき

この本を最後までお読みいただき、ありがとうございました。

この本では、最初から最後まで「自己重要感」という一つのテーマで書かせていただきました。

6年前に無能唱元先生の『人蕩《たら》し術』（日本経営合理化協会）という本に出会いました。

読んで衝撃が走りました。

この世の中での願望達成の手法を、実にシンプルに解説してあります。

自己啓発の目先のテクニックやノウハウとは違う、人間の持つ本能とそれと戦う自尊心について明快に書かれています。

「成功する人間は他の人間を友とし、味方となし得るが、成功できない人間は自分の周囲を敵や無関心者によって囲まれてしまう」（『人蕩し術』より）

まさしくそのとおり。願望達成には良質の人材と情報が不可欠です。

味方をたくさん作る手法はただ一つ。

相手の自己重要感を高めてあげることだけです。

無能先生は15年間の参禅修行を経て、飛騨の円空庵禅通寺小倉賢堂師より「唱元」の法名を授かりました。

しかし仏教で言うところの「欲を捨てなさい」とは語らず、

「欲を持ちなさい。欲があるのが自然で、欲こそが文化・文明・医学・科学あらゆるものの源である」

と説いています。

ただし欲を持ちすぎると、いつまで経っても心の平安が訪れないとも言っておられます。

重要なのは「バランス」であり、偏りが苦しみを生むのだと。

相手の自己重要感を高めてばかりいると、自分の自己重要感が枯渇する。逆に自分の自己重要感を高めることに集中すると人が離れて行く。

この「バランス」を実にうまく表現されています。

今回、本書では私の経験を踏まえ、無能流哲学をできるだけわかりやすく書かせていただきました。
しかし、まだまだ未熟で伝えきれていない部分も多々あります。
無能先生は3年前に亡くなられましたが、残された書物は多数あります。
できれば直接本で無能流哲学に触れていただきたいと思います。

無能唱元 唯心円成会
〒290-0025
千葉県市原市加茂1-7-9
TEL0436-21-7316